AF726992

L’auteur se réserve tous les droits sur ce livre. Il ne permet à personne de reproduire ou de transmettre une partie de ce livre par quelque moyen ou forme que ce soit, électronique ou mécanique. Personne n’a également le droit de stocker les informations contenues dans ce livre dans un système de recherche, ni de photocopier, enregistrer des copies, scanner des parties de ce document, etc. sans l’autorisation écrite de l’éditeur ou de l’auteur.

Toutes les informations contenues dans ce livre ne doivent être utilisées qu’à des fins informatives et éducatives. L’auteur ne sera en aucun cas responsable des résultats qui découleront de l’utilisation du contenu de ce livre. Bien que des efforts conscients et créatifs aient été faits pour s’assurer que toutes les informations fournies ici soient aussi précises et utiles que possible, l’auteur n’est pas légalement tenu d’être responsable de tout dommage causé par l’exactitude ainsi que l’utilisation/la mauvaise utilisation de ces informations.

Copyright © 2021 - Lionel Kubwimana
Ndakunda Ikirundi
Tous droits réservés

Gatore et ses parents visitent le Burundi

Gatore n'abavyeyi biwe bagiye gutembera i Burundi

écrit par Lionel Kubwimana

Illustré par Didier Mekontso

Ndakunda Ikirundi

Par un bel après-midi, Gatore et ses parents se préparaient pour un voyage dans un pays d'Afrique appelé Burundi.

Gatore n'était jamais allée au Burundi auparavant, mais c'est de là que venaient sa maman et son papa.

Au moment de monter dans l'avion, sa maman lui demande: «Es-tu prête pour le voyage ?».

Gatore était un peu nerveuse.

Umunsi umwe, ku muhingamo, Gatore n'abavyeyi biwe bariko bitegurira urugendo rugana igihugu co muri Afurika citwa Uburundi.

Gatore ntiyari bwigere agenda i Burundi ariko abavyeyi biwe niyo bari baravukiye.

Bugingo hageze kwurira indege, nyina wa Gatore amubaza ati : "Wumva witeguye gufata urugendo ?"

Yamara Gatore, yumva afise akoba.

Elle n'était pas sûre qu'elle aimerait le Burundi.

Muri we yumva atazi neza ko azoshimishwa cane n'Uburundi.

«Je veux des biscuits», dit-elle.

Gatore avuga ati : "Nshaka ibisuguti".

Quand elle se lève, deux sacs de biscuits tombent de sa poche.

Gatore ahagurutse, udusaho tubiri tw'ibisuguti turwa hasi tuvuye mu mufuko wiwe.

«Oups», dit Gatore et son père rit. «Tu as déjà des biscuits, pourquoi en veux-tu encore ?» lui demanda-t-il.

Gatore ati: "oops". Se amubaza ati : "Usanzwe ufise ibisuguti. Kubera iki ushaka ibindi ?"

«Eh bien, et si je n'aime pas la nourriture là-bas ?» répondit Gatore.

Gatore yishura ati : "None, nintakunda imfungurwa za hariya naho bizogenda gute ?"

Son père la prend dans ses bras. «Oh Gatore, je suis sûr que tu aimeras la nourriture. Ta maman et moi avons grandi là-bas, tu te souviens ?»

"Oh Gatore. Nsinkekeranya ko uzokunda imfungurwa zaho. Kandi twebwe abavyeyi bawe niho twakuriye. Mbega ivyo uravyibuka ?"

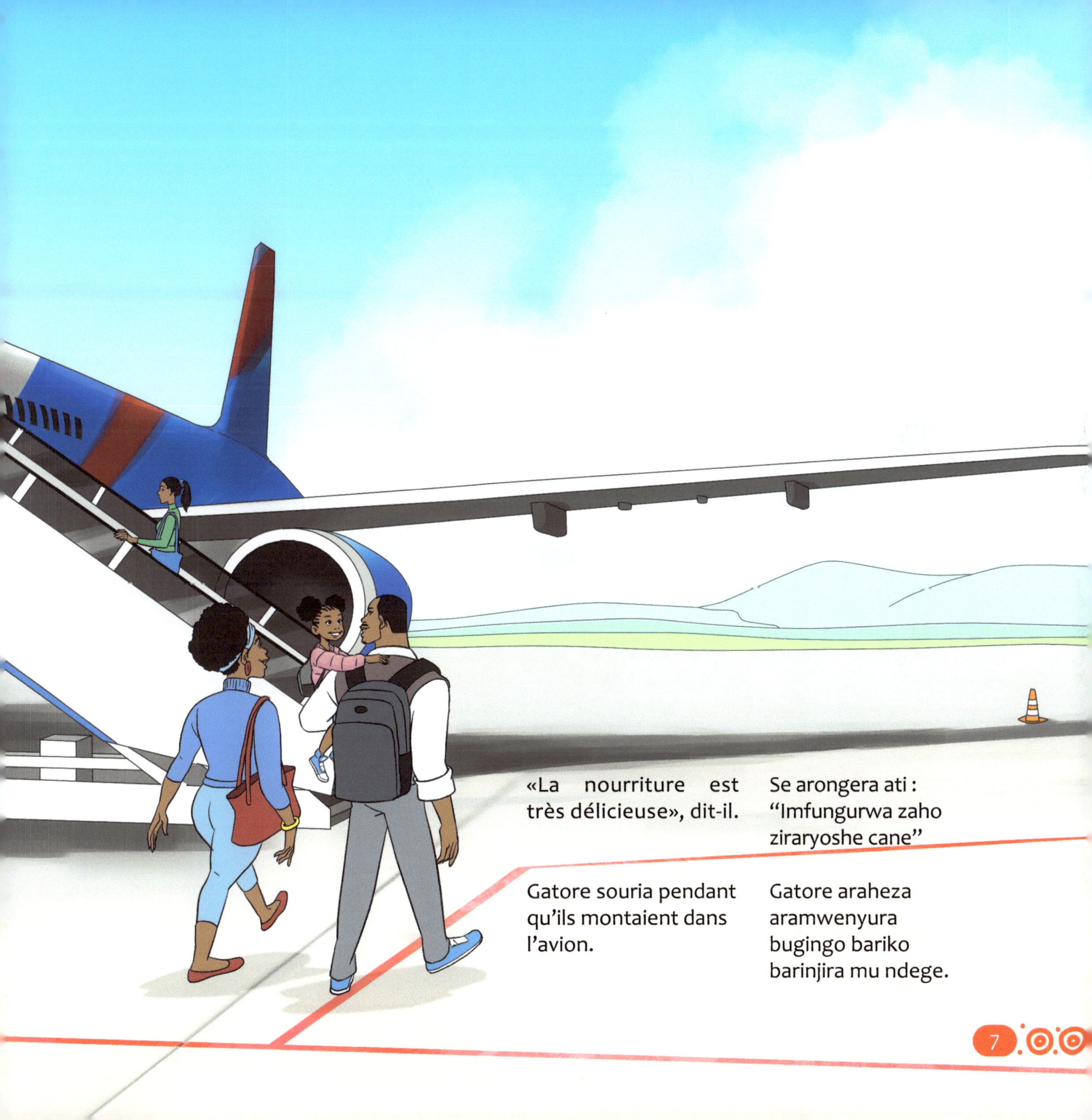

«La nourriture est très délicieuse», dit-il.

Se arongera ati : “Imfungurwa zaho ziraryoshe cane”

Gatore souria pendant qu’ils montaient dans l’avion.

Gatore araheza aramwenyura bugingo bariko barinjira mu ndege.

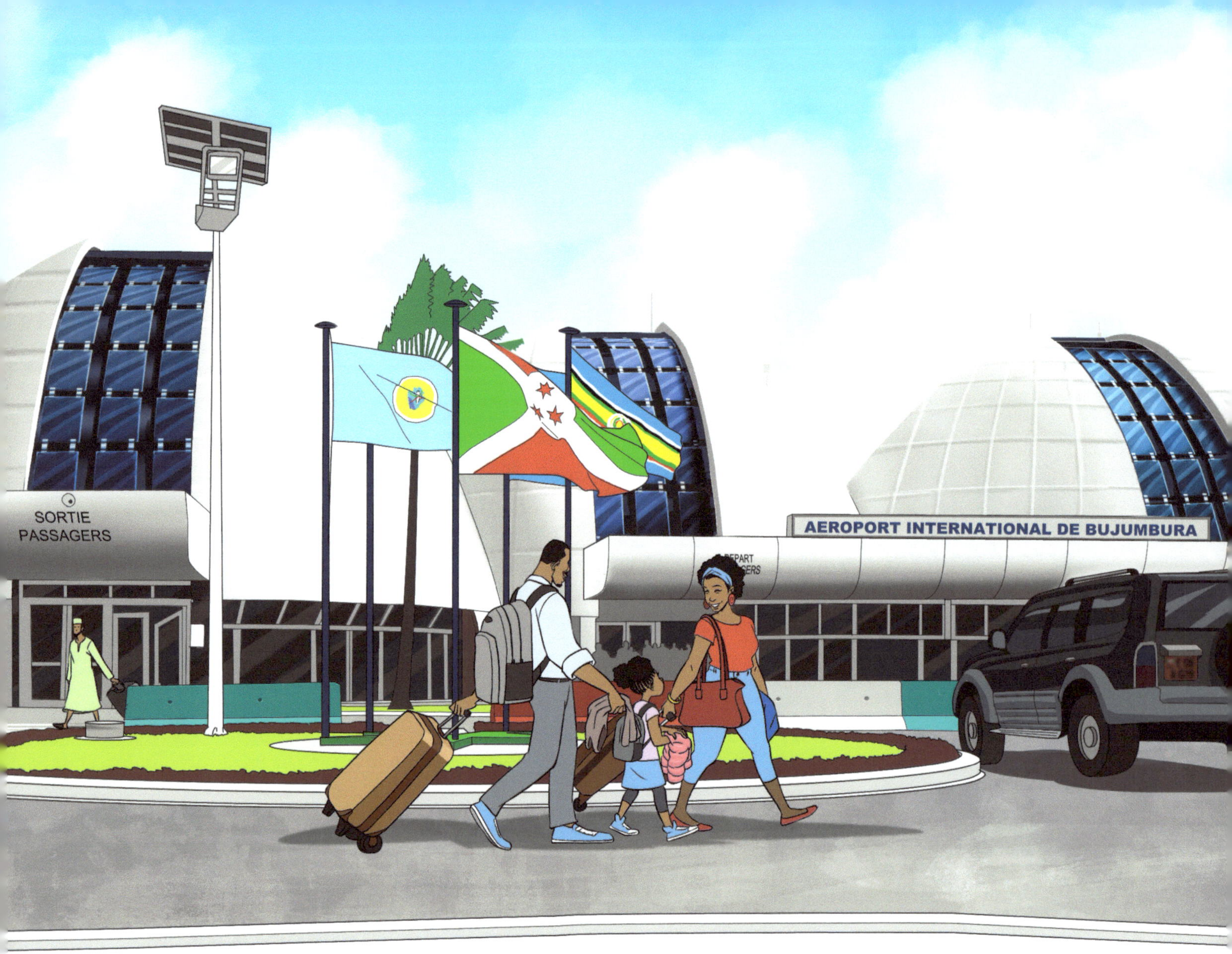

Après leur arrivée au Burundi, Gatore et sa famille durent enlever leurs vestes.

Gatore n'abavyeyi biwe bashitse i Burundi, baciye bambura imipira y'imbeho bari bambaye.

Il faisait assez chaud.

Hari hashushe cane.

C'est déjà l'été ici ?», demande-t-elle avec surprise. Et sa mère gloussa.

Gatore aratangara ati : "Mbega hano ici riza ryaratanguye ? ". Nyina aratwenga

Ils quittèrent l'aéroport et se rendirent chez ses grands-parents.

Elle y rencontra son grand-père, sa grand-mère ainsi que ses oncles et tantes.

Ils étaient tous très heureux de la rencontrer enfin.

Bavuye ku kibuga c'indege baciye bagenda kwa Sekuru wa Gatore.

Araheza abonana na inakuru, sekuru, ba inasenge na ba sewabo.

Bose barahimbarwa cane no kumubona.

Gatore fit également connaissance avec ses cousins. Sa préférée était Keza.

«Veux-tu voir ce que j'ai prévu pour tes vacances ?» demande Keza. Gatore hocha la tête pour dire oui.

Les deux filles coururent à la salle à manger et Keza montra à Gatore les plans de tous les endroits où elle voulait qu'elles aillent. Gatore était très contente !

Gatore yarabonanye kandi na bavyarawe. Uwo yakunze kuruta abandi yari Keza.

Keza aramubaza ati : "Urashaka ko nkwereka ivyo naguteguriye muri buno buruhuko?". Gatore aremera.

Bompi baca birukira mu nzu mu kibanza c'uburiro. Maze Keza yereka Gatore ibibanza vyose yipfuza ko bazoja gutemberera.

Le lendemain matin, sa grand-mère avait préparé une délicieuse bouillie pour le petit-déjeuner, mais Gatore ne voulait pas y goûter. Elle était très différente de ce qu'elle mangeait à la maison.

Bukeye, mu gitondo, inakuru yari yateguye umusururu uryoshe cane ariko Gatore ntiyawushaka. Ntiwari umeze nkuwo yari asanzwe amenyereye.

Elle avait des céréales qu'elle avait apportées dans son sac.

Gatore yari afise imfungurwa yari yizaniye mw'i sakoshe yiwe.

«Veux-tu essayer ma bouillie ? C'est délicieux.» dit sa grand-mère mais Gatore secoue la tête.

Inakuru amubwira ati: "Wogerageza ukumviriza umusururu nateguye ? uraryoshe cane". Yamara Gatore azunza umutwe, ikimenyetso co kwanka.

«Peut-être une autre fois», dit-elle.

Gatore araheza avuga ati: "Ngira nzogerageza uyundi munsi."

Quelques heures après le petit-déjeuner, sa cousine Keza arriva. Le premier endroit à visiter était le marché.

Gatore, ses parents et Keza montèrent dans un taxi et s'y rendirent directement. En chemin, la mère de Gatore vit ses beignets préférés, alors ils s'arrêtèrent pour en acheter.

Elle en achèta et demanda à Gatore si elle en voulait. «Ermm, peut-être plus tard,» dit Gatore et se détourna.

Haheze amasaha make bahejeje gufungura, muvyarawe Keza aca arashika. Ikibanza ca mbere co gutembera yari isoko.

Gatore, abavyeyi biwe na Keza burira taxi baganayo. Ku nzira, nyina wa Gatore aca abona ibitumbura yakunda cane baca barahagarara.

Aca agura bike yongera arazanira Gatore aramubaza nimba abishaka. Gatore arahindukira avuga: "Ngira ndagerageza hanyuma."

Gatore a eu beaucoup de plaisir à faire le marché avec Keza. Elles ont essayé des vêtements, couru dans le marché et ont acheté de jolis colliers assortis.

Gatore yarakunze cane akanya bamaranye na Keza bariko baragura impuzu. Barigeze nyinshi, barazunguruka isoko hama bagura ibidede vyiza bisa.

À l'heure du déjeuner, ils voulaient aller au restaurant. Gatore vit de loin un restaurant où ils préparaient son fast-food préféré (des hamburgers) et était très excitée.

«Peut-on manger ici ?», demande-t-elle à ses parents. Avant qu'ils ne puissent répondre, Keza lui prit la main.

Hageze kwivuna umusase, baraheza barondera aho babafungurira. Gatore abonera kure aho badandaza ama 'burgers' kimwe mu biribwa yakunda cane, maze araryoherwa.

Gatore aca abaza abavyeyi biwe: "Turashobora gufungura ngaha ?". Imbere yuko abavyeyi biwe bishura, Keza amufata ukuboko.

«Je connais un endroit où la nourriture est meilleure», dit-t-elle, et elle les conduit à un bon restaurant de cuisine locale.

Elle commanda du fufu, de l'isombe, et de la viande pour tout le monde.

Amubwira ati: "ndazi ikindi kibanza bafise imfungurwa nziza". Aca abatwara mu nzu y'uburiro bw'ibifungurwa kama.

Yaciye atumako ubutsima, isombe hamwe n'inyama.

Après le service du repas, Gatore n'a pas voulu le manger. «Gatore, si tu goûtes et que tu n'aimes pas, je vais aller t'acheter la nourriture que tu as demandée», dit son père. Gatore fit un signe de tête en guise d'acceptation.

Imfungurwa zishitse Gatore ntiyashatse gufungura. Se araheza amubwira ati : "Gatore, niwagerageza hama ntubikunde, nca ngenda nkugurire ivyo wasavye". Gatore aremera.

Elle vit également comment Keza appréciait le repas et l'a goûté. «Wow, c'est vraiment bon !» Gatore a crié avec un rire heureux !

Gatore yarabona kandi ingene Keza ariko afungurana akayabagu ivyo babahaye, niko kugerageza nawe. Gatore aratangara, akoma akaruru yongera aratwenga, yikugura avuga ati : "Yebabawe. Ko biryoshe cane !".

Tout le monde a ri avec elle et l'a regardée finir son assiette. Ses parents n'en revenaient pas et étaient si fiers d'elle d'avoir essayé quelque chose de nouveau !

Bose baratwenga bongera baraba ingene aheza ivyari kw'isahani yiwe. Abavyeyi biwe baratangara cane kandi baranezerwa ko yagerageje imfungurwa atamenyereye.

Depuis, Gatore a goûté tous les plats burundais qu'on lui a proposés et les a tous aimés.

Kuva ubwo Gatore yarahonjeje ubwoko bwinshi bw'imfungurwa z'i Burundi bamuzimana kandi atako arazikunda.

Après le mois prévu au Burundi, ils ont commencé à préparer leur voyage de retour.

Ikirungo c'ukwezi bari bategekanije kumara i Burundi kirangiye, niho batangura kwitegurira urugendo rwo gutahuka.

Quand sa mère faisait ses bagages, elle a vu tous les snacks que Gatore avait apportés. «Veux-tu que j'emballe les casse-croûte que tu as apportés quand nous sommes venus ici ?» commença-t-elle à la taquiner.

Nyina wa Gatore araheza atangura kwegeranya impuzu n'utundi. Niko kurwa ku bisuguti Gatore yari yaje yitwaje. Nyina aca amucokoza ati: "Mbega ndagutekerere bino bisuguti waje utekeye tukiza ?"

«Pas du tout. A la place, peux-tu s'il te plaît emballer des beignets du Burundi ? Ils sont très délicieux. Je suis sûre qu'ils vont me manquer.»

Gatore nawe ati: "Ishwi da ! Ahubwo ntekerera ibitumbura vy'i Burundi. Numvise biryoshe cane. Kandi nzobikumbura.

Et elles ont toutes ri.

Bose baca baraduka baratwenga.

Maintenant il est temps pour toi de t'amuser en coloriant quelques images des aventures de Gatore!

Image 1

Image 2

Image 3

Image 4

Image 5

Accédez à l'enregistrement audio de l'histoire en scannant ce code QR.

Loi n° 49-956 du 16 juillet 1949 sur les publications destinées à la jeunesse.
Dépôt légal : Août 2021
ISBN 978-2-492960-09-3
Imprimé à la demande par Amazon
© 2021 Lionel Kubwimana, 3 rue de l'église, 91430 Igny.

www.ingramcontent.com/pod-product-compliance
Ingram Content Group UK Ltd.
Pitfield, Milton Keynes, MK11 3LW, UK
UKHW060114300726
14090UKWH00002B/191
9782492960093